ENTE UND GANS

… nicht nur zur Weihnachtszeit

Zu Weihnachten ist die Gans ein Muss, aber auch sonst sind Gänse- und Entenbraten reiner Genuss. Frische Gänse kann man normalerweise von Spätherbst bis Jahresende kaufen, tiefgekühlt oft länger. Enten haben immer Saison und sind inzwischen praktischerweise bereits zerteilt, als Brust oder Keulen, im Supermarkt erhältlich. Wer eine ganze Gans will, greift im Regelfall auf Zuchtgänse in unterschiedlichen Gewichtskategorien, die sich aus Haltungsart und Mastzeit ergeben, zurück. So bringt etwa die am häufigsten verkaufte sieben Monate alte Junggans zwischen 4 und 7 kg auf die Waage. Bei Enten hat man die Wahl zwischen Zucht- und Wildente und der so genannten Flugente (auch Barberie-Ente), einer Kreuzung aus Haus- und Wildente. Sowohl bei Gans als auch bei Ente gilt grundsätzlich: Tiere aus Freilandhaltung sind weniger fett und haben einen besseren Geschmack. Bleibt nur noch die Entscheidung für das leckerste Rezept!

FELDSALAT MIT GÄNSELEBER

➤ **edle Vorspeise**

Die Alternative zur Pastete:
Salat mit leichtem Dressing

Zutaten für 4 Personen:

- *250 g Feldsalat*
- *3 rotschalige Äpfel*
- *1 Schalotte*
- *2 EL Sonnenblumenöl*
- *1 TL Currypulver*
- *100 ml Apfelsaft*
- *1 EL körniger Senf*
- *1 TL Honig*
- *4 EL Cidre-Essig
  (ersatzweise Weißweinessig)*
- *Salz • Pfeffer*
- *500 g Gänseleber*
- *2 EL Butterschmalz*

ZUBEREITUNGSZEIT: 35 MIN.
PRO PORTION ETWA: 1420 KJ/340 KCAL

1 Den Feldsalat waschen, putzen und trocknen. 2 Äpfel schälen und achteln, dabei die Kerngehäuse entfernen. Die Schalotte schälen und würfeln. Das Öl erhitzen und die Schalotte darin andünsten. Die Apfelstücke dazugeben, kurz mitdünsten, dann Currypulver darüber streuen und mit Apfelsaft ablöschen. Alles 2–5 Min. dünsten (die Äpfel sollen nicht zerfallen).

2 Äpfel vom Herd nehmen, Senf, Honig und Essig unterrühren, anschließend mit dem Pürierstab fein pürieren, mit Salz und Pfeffer abschmecken und abkühlen lassen. Inzwischen den Salat auf Teller verteilen, den übrigen Apfel in feine Stifte schneiden und dabei das Kerngehäuse entfernen. Die Apfelstifte über den Salat streuen.

3 Die Gänseleber von Fett und Sehnen befreien. Das Butterschmalz in einer Pfanne erhitzen und die Leber darin rundherum 4–6 Min. braten. Vom Herd nehmen, salzen, pfeffern, nach Belieben in Scheiben schneiden und auf dem Salat verteilen. Das Dressing darüber träufeln und den Salat mit geröstetem Toast oder getoasteten Briochescheiben servieren.

 TIPP: Wer's bunter mag, mischt noch einige Streifen Radicchio unter den Feldsalat und streut Walnusskerne darüber.

ENTEN-TÄSCHCHEN

➤ **für Gäste**

Warm als kleine Vorspeise
oder kalt aufs Büfett

Zutaten für ca. 30 Stück:

- *2 Entenbrustfilets (à ca. 300 g)*
- *100 ml Sherry*
- *100 ml frisch gepresster Orangensaft*
- *1 TL Honig*
- *2 Knoblauchzehen*
- *5 Frühlingszwiebeln*
- *1 reife, aber feste Mango*
- *3 Scheiben Serranoschinken*
- *15 weiche Trockenpflaumen*
- *Salz • Pfeffer*
- *1 Prise Zimtpulver*
- *30 Zahnstocher*
- *Öl zum Braten*

ZUBEREITUNGSZEIT: 40 MIN.
MARINIERZEIT: 2 STD.
PRO STÜCK ETWA: 360 KJ/85 KCAL

1 Die Entenbrustfilets quer in ca. 1/2 cm schmale Scheiben schneiden. Sherry, Orangensaft und Honig verrühren. Knoblauch schälen und dazupressen. Das Entenfleisch für 2 Std. in dieser Marinade einlegen.

2 Die Frühlingszwiebeln waschen, trocknen und putzen. Den weißen Teil in ca. 4 cm lange Stücke, das Grün in Röllchen schneiden und beiseite legen. Die Mango halbieren, schälen und den Kern herausschneiden. Die Mangohälften quer in ca. 1 cm breite Scheiben schneiden. Die Schinkenscheiben quer in jeweils 5 Stücke schneiden.

3 Das Fleisch trockentupfen. Die eine Hälfte der Fleischscheiben mit jeweils 1 Stück Schinken und 1 Pflaume, die andere Hälfte mit jeweils 1–2 Stück Mango und 1 Stück Frühlingszwiebel belegen. Die Fleischscheiben über der Füllung zusammenklappen und mit den Zahnstochern feststecken.

4 Ausreichend Öl in einer Pfanne erhitzen und die Täschchen darin portionsweise 3–4 Min. rundherum braten, salzen und pfeffern. Herausnehmen und den Bratensatz mit der Marinade ablöschen. Mit Salz und Zimt würzen und offen 5–8 Min. einkochen. Enten-Täschchen hineinlegen, kurz ziehen lassen und mit Zwiebelgrün bestreuen.

GÄNSEKEULEN AUF ANANAS-KRAUTBETT

➤ **ungewöhnlich**

Witwe Bolte hätte diese edle
Geflügel-Kraut-Kombination geliebt

Zutaten für 4 Personen:

- *4 Gänsekeulen (à ca. 400 g)*
- *2 Knoblauchzehen*
- *1/8 l Portwein
  (ersatzweise roter Traubensaft)*
- *3 EL Honig*
- *1 Tütchen Safran (ca. 1 g)*
- *1 getrocknete Chilischote*
- *Salz • Pfeffer*
- *1 kleine Ananas (ca. 400 g)*
- *2 kleine Zwiebeln*
- *1 kg frisches Sauerkraut*
- *200 ml Riesling
  (ersatzweise weißer Traubensaft)*
- *200 ml Geflügelbrühe*

ZUBEREITUNGSZEIT: 25 MIN.
BRATZEIT: 1 STD. 10 MIN.
PRO PORTION ETWA: 5300 KJ/1270 KCAL

1 Die Haut der Keulen mit einem scharfen Messer drei- bis viermal einritzen. Den Knoblauch schälen, durchpressen und mit Portwein, Honig und Safran in einen kleinen Topf geben. Die Chilischote anritzen, dazugeben und alles bei großer Hitze auf die Hälfte einkochen.

2 Den Ofen auf 225° vorheizen. Die Keulen mit der Safranmarinade einpinseln, salzen und pfeffern, in einen Bräter legen und im vorgeheizten Ofen (Mitte, Umluft 200°) 25 Min. braten.

3 Inzwischen die Ananas längs achteln, den Strunk herausschneiden, das Fruchtfleisch aus der Schale schneiden und in kleine Stücke schneiden. Die Zwiebeln schälen und fein würfeln. Ananas und Zwiebeln mit dem Sauerkraut mischen.

4 Den Ofen auf 200° (Umluft 180°) herunterschalten. Die Keulen aus dem Bräter nehmen, Ananaskraut einfüllen, Wein und Brühe darüber gießen und die Keulen wieder darauf legen. In 40–45 Min. fertig garen, dabei eventuell gegen Garzeitende ein gefettetes Pergamentpapier über Kraut und Keulen legen. Dazu passen gebratene Schupfnudeln.

ENTENBRUST MIT ZWIEBELCONFIT

➤ **raffiniert**

Super zart und saftig –
die 80-Grad-Ente

Zutaten für 4 Personen:

- 350 g rote Zwiebeln
- 2 EL Öl
- 2 EL Zucker
- 1/8 l Portwein
  (ersatzweise roter Traubensaft)
- 4 EL Aceto Balsamico
- 2 EL Rosinen
- 1/2 TL gekörnte Brühe
- Salz • Pfeffer
- 4 Entenbrustfilets (à ca. 250 g)

ZUBEREITUNGSZEIT: 1 STD.
BRATZEIT: 40 MIN.
PRO PORTION ETWA: 3140 KJ/750 KCAL

1 Die Zwiebeln schälen und grob würfeln. Das Öl in einem Topf erhitzen, die Zwiebeln darin leicht andünsten, Zucker darüber streuen und unter Rühren karamellisieren lassen. Mit Portwein, Essig und 50 ml Wasser ablöschen. Rosinen und Brühe unterrühren, salzen und pfeffern und offen 30–40 Min. bei kleiner Hitze köcheln lassen. Ab und zu umrühren, evtl. etwas Wasser angießen.

2 Den Backofen auf 80° vorheizen. Die Fettschicht der Entenbrüste mit einem scharfen Messer gitterförmig einschneiden. Rundum salzen und pfeffern.

3 Eine ofenfeste Pfanne heiß werden lassen, die Entenbrust mit der Hautseite nach unten 6–7 Min. anbraten, wenden und 2–3 Min. scharf anbraten. Anschließend die Pfanne mit den Entenbrüsten in den vorgeheizten Ofen (Mitte) stellen und in 30–40 Min. fertig garen. Mit dem Zwiebelconfit und Weißbrot oder Bratkartoffeln servieren.

 VARIANTE: Statt Zwiebelconfit passt auch eine Balsamicosauce: 200 ml Orangen- oder Grapefruitsaft bei starker Hitze auf die Hälfte einkochen lassen. 3 EL Zucker karamellisieren lassen, mit 1/8 l Aceto Balsamico ablöschen und 25 Min. offen köcheln. Mit dem eingekochten Saft mischen und mit Salz und Pfeffer abschmecken.

WOK-ENTE MIT MANGOLD

➤ **gelingt leicht**

Ente auf asiatisch leichte Art –
ruckzuck gebraten

Zutaten für 4 Personen:

- 2 Entenbrustfilets (à ca. 220 g)
- 2 Stängel Zitronengras
- 1 Stück frischer Ingwer (ca. 2 cm)
- 4 EL Sojasauce
- 3 EL Sherry (ersatzweise Brühe)
- 1/2 TL Sambal oelek
- 1 Knoblauchzehe
- 4 große Möhren
- 1 Gemüsezwiebel
- 500 g Mangold
- 1 TL Speisestärke
- 1/8 l Hühnerbrühe
- Öl zum Braten

ZUBEREITUNGSZEIT: 50 MIN.
MARINIERZEIT: 1 STD.
PRO PORTION ETWA: 1780 KJ/425 KCAL

1 Die Entenbrustfilets quer in ca. 1/2 cm breite Scheiben schneiden. Vom Zitronengras äußere Blätter und Strünke entfernen. Die unteren 10 cm längs vierteln und fein schneiden. Den Ingwer schälen und fein hacken.

2 Zitronengras, Ingwer, Sojasauce, Sherry und Sambal oelek mischen. Den Knoblauch schälen und dazupressen. Die Hälfte der Marinade mit dem Entenfleisch mischen und 1 Std. kühl stellen.

3 Die Möhren schälen und schräg in feine Scheiben schneiden. Die Gemüsezwiebel schälen und längs achteln. Den Mangold waschen und putzen. Die weißen Stiele in 1/2 cm breite Streifen, die Blätter in 3 cm breite Streifen schneiden. Die Stärke mit 3 EL kaltem Wasser anrühren und mit der Brühe und der übrigen Marinade mischen.

4 Etwas Öl im Wok erhitzen, darin das Fleisch portionsweise in 2–3 Min. unter Rühren braten, herausnehmen. Möhren, Zwiebel und Mangoldstiele ebenfalls 3–5 Min. rührbraten, mit der Marinade ablöschen und bei mittlerer Hitze 8–10 Min. köcheln, dabei in den letzten 5 Min. das Mangoldgrün unterrühren. Das Entenfleisch dazugeben und heiß werden lassen. Mit Basmatireis servieren.

GÄNSEPASTETE

➤ **fürs Büfett**

Resteverwertung auf edle Art –
die Weihnachtsgans gut verpackt

Für eine Pieform von 26 cm ⌀:

- 6 Scheiben TK-Blätterteig (450 g)
- 600 g gegartes Gänsefleisch
- 1 Zwiebel
- 300 g Champignons
- 1 Stange Lauch
- 2 EL Butterschmalz
- Salz • Pfeffer • Paprikapulver
- 1 TL getrockneter Thymian
- 1 Ei
- 100 g Crème fraîche
- 1 Eigelb

ZUBEREITUNGSZEIT: 40 MIN.
BACKZEIT: 30–35 MIN.
BEI 12 STÜCKEN PRO STÜCK
ETWA: 1580 KJ/380 KCAL

1 Die Blätterteigscheiben nebeneinander legen und abgedeckt auftauen lassen. Das Fleisch in kleine Stücke schneiden. Die Zwiebel schälen und würfeln. Die Champignons sauber abreiben, putzen und in Scheiben schneiden. Den Lauch waschen, putzen und in schmale Ringe schneiden.

2 Schmalz in einer Pfanne erhitzen und Champignons, Zwiebeln und Lauch darin ca. 3 Min. andünsten. Mit Salz, Pfeffer, Paprikapulver und Thymian kräftig würzen. Vom Herd nehmen und abkühlen lassen.

3 Den Backofen auf 220° vorheizen. Das Ei mit Crème fraîche verrühren und mit dem Fleisch zum Gemüse geben, gut mischen. 300 g Blätterteig auf einer bemehlten Arbeitsfläche auf Formgröße (Rand mit einberechnen) ausrollen. Die Form kalt ausspülen und den Teig hineinlegen. Die Füllung darauf verteilen.

4 Den restlichen Teig ausrollen und auf die Füllung legen. Teig an den Rändern zusammendrücken. In die Mitte des Deckels ein kleines Loch schneiden. Das Eigelb verquirlen und den Teig damit bestreichen. Die Pastete im Ofen (Mitte, Umluft 200°) in 30–35 Min. goldbraun backen. Warm oder kalt mit grünem Salat servieren.

KLASSISCHER GÄNSEBRATEN

➤ **für Festtage**

Bleibt nur die Frage unterm
Christbaum: Brust oder Keule?

Zutaten für 4–6 Personen:

- 1 küchenfertige Gans (4,5–5 kg)
- Salz • Pfeffer
- je 1 TL getrockneter Majoran und Beifuß
- 2 Kartoffeln
- 3 Äpfel
- 1 Bund Suppengemüse
- 2 Zwiebeln
- Sahne oder Crème fraîche nach Belieben
- Zahnstocher • Küchengarn

ZUBEREITUNGSZEIT: 4 STD.
BEI 6 PERSONEN PRO PORTION
ETWA: 8800 KJ/2100 KCAL

1 Den Backofen auf 200° vorheizen. Die Gans innen und außen waschen, trocknen, innen mit Salz, Pfeffer und den Kräutern würzen. Die Kartoffeln halbieren und mit den Äpfeln in die Gans geben (sie saugen das Fett auf und sind nicht zum Verzehr geeignet). Die Gans zubinden (Seite 18) und außen salzen und pfeffern.

2 Die Gans mit der Brust nach unten in die Saftpfanne oder einen Bräter legen und 375 ml kochendes Wasser dazugießen. Im Ofen (Mitte, Umluft 180°) ca. 30 Min. garen (das Wasser sollte zu drei Vierteln verdampfen), dann die Gans umdrehen, Hitze auf 180° (Umluft 160°) reduzieren und die Gans weitere 2–2 1/4 Std. garen.

3 Das Suppengemüse putzen und grob zerschneiden, die Zwiebeln schälen und achteln. Beides zur Gans geben (sollte sehr viel Fett ausgetreten sein, vorher etwas abschöpfen) und ca. 1 Std. weiterbraten, dabei ab und zu mit Bratenfett begießen.

4 1/8 l kaltes Wasser mit 1 TL Salz verrühren, die Gans damit bepinseln und 5–10 Min. braten (so wird die Haut knusprig). Gans aus dem Ofen nehmen. Bratensatz mit ca. 1/4 l Wasser ablöschen und mit dem Suppengrün durch ein Sieb passieren. Die Sauce nach Belieben mit Sahne oder Crème fraîche verfeinern. Die Gans zerteilen und mit Sauce, Knödeln und Rotkraut servieren.

 TIPP: Wer will, füllt die Gans mit einer der Füllungen von Seite 19. Die Bratzeit erhöht sich dann um 30 Min.

Ente & Gans füllen und tranchieren

1 Die Füllung mit einem Löffel in die Bauchhöhle geben (nicht zu viel, die Füllung dehnt sich beim Garen aus). Die Hautkanten zusammendrücken und mit 3–4 Zahnstochern zusammenstecken.

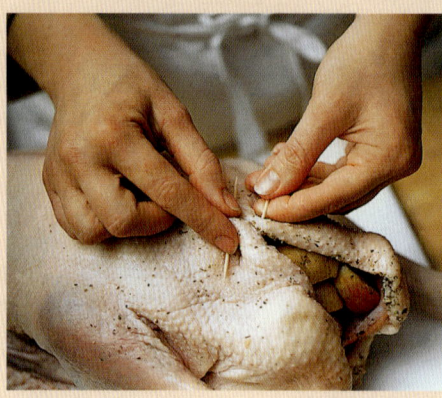

2 Mit Küchengarn eine Schlinge über den obersten Zahnstocher legen und das Garn nach unten um die übrigen Spießchen winden, dabei das Garn nach jedem Spießchen kreuzen. Verknoten und abschneiden.

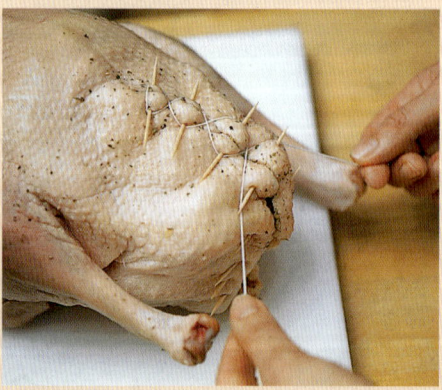

3 Zum Zerteilen die Keulen leicht vom Körper wegdrücken und mit einem scharfen Messer zum Gelenk herunterschneiden. Das Gelenk zur Seite biegen und durchtrennen. Flügel in gleicher Weise abschneiden.

4 Um die Brust herauszulösen, mit einem scharfen Messer in der Mitte längs bis aufs Brustbein herunterschneiden. Das Brustfleisch links und rechts am Brustbein entlang vom Knochen schneiden.

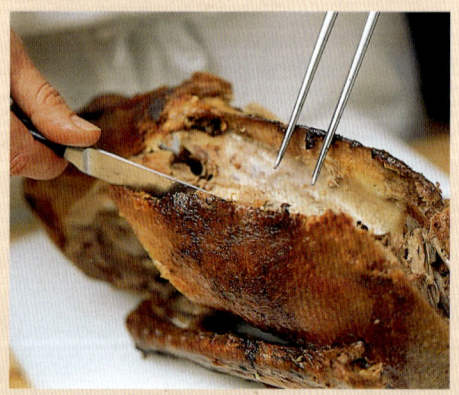

Zwei Füllungen für Gänsebraten

Leber-Apfel-Füllung

4 Schalotten • 100 g geräucherter Speck
• 200 g Gänseleber • 5 EL Butterschmalz
• 4 Brötchen (vom Vortag) • 3 Äpfel
• 2 EL Rosinen • je 1/2 TL getrockneter
Majoran und Beifuß • 1/4 l Geflügelfond
• Salz • Pfeffer

Schalotten, Speck und Gänseleber würfeln und in 2 EL Butterschmalz anbraten.
Abkühlen lassen. Die Brötchen in 1 cm
große Würfel schneiden, in 3 EL Butterschmalz anrösten und abkühlen lassen.
Äpfel würfeln (Kerngehäuse entfernen).
Alles mit Rosinen, Majoran, Beifuß und
Geflügelfond mischen. Salzen, pfeffern
und in die Gans füllen.

Curry-Reis-Füllung

200 g Basmatireis • Salz • 100 g Knollen-
sellerie • 2 kleine Mangos • 2 Zwiebeln
• 2 EL Butter • 60 g gehackte Walnüsse
• 3 EL Currypulver • je 1/2 TL Zimtpulver
und Cayennepfeffer • 1 EL brauner Zucker

Reis in Salzwasser kochen, in ein Sieb
abgießen und abkühlen lassen. Sellerie
und Mangos schälen (Kerne herausschneiden). Sellerie und Mangos in 1 cm
große Würfel schneiden. Zwiebeln schälen und würfeln. Zwiebeln und Sellerie in
der Butter andünsten. Beides mit den
Mangowürfeln, Reis, Walnüssen, Gewürzen und Zucker mischen. Mit Salz würzen
und in die Gans füllen.

CANARD À L'ORANGE

➤ **Klassiker**

Frankreich sei Dank für diese gelungene Kombination

Zutaten für 4–6 Personen:

- *1 küchenfertige Ente (ca. 2,5 kg)*
- *Salz • Pfeffer*
- *5 unbehandelte Orangen*
- *1 Bund Suppengemüse*
- *1 große Zwiebel*
- *400 ml Entenfond (aus dem Glas)*
- *5 EL Zucker*
- *5 EL Weißweinessig*
- *1 TL Speisestärke*
- *2 EL Orangenmarmelade*
- *Zahnstocher • Küchengarn*

ZUBEREITUNGSZEIT: 45 MIN.
BRATZEIT: 1 STD. 30 MIN.
BEI 6 PERSONEN PRO PORTION
ETWA: 3240 KJ/770 KCAL

1 Den Backofen auf 200° vorheizen. Die Ente waschen, trocknen, innen und außen salzen und pfeffern. 3 Orangen schälen, dabei die weiße Haut mit entfernen. Die Orangen in die Ente stecken und diese mit Küchengarn zubinden (Seite 18).

2 Ente mit der Brustseite nach unten in einen Bräter legen und im vorgeheizten Ofen (Mitte, Umluft 180°) 30 Min. braten. Inzwischen das Suppengemüse putzen, die Zwiebel schälen und alles klein würfeln. Die Ente umdrehen, Gemüse, Zwiebel und Fond zugeben und weitere 50–60 Min. braten, dabei ab und zu mit Bratensaft begießen.

3 Inzwischen restliche Orangen waschen, die Schale mit einem Zestenreißer abziehen, anschließend den Saft auspressen. Zucker in einem Topf hellbraun karamellisieren, mit 1/8 l Wasser, Orangensaft und Essig ablöschen, Orangenschale dazugeben und 20 Min. köcheln.

4 Die Ente aus dem Bräter nehmen und warm halten. Das Fett vom Bratensatz abschöpfen, die Sauce durch ein Sieb passieren und mit der Orangensauce mischen. Stärke mit 2 EL kaltem Wasser anrühren. Die Sauce aufkochen lassen, Stärke einrühren und 1 Min. kochen lassen. Orangenmarmelade unterrühren und die Sauce zur Ente servieren. Dazu passen Baguette oder Kartoffelkroketten.

GESCHMORTE ROTWEIN-GANS

➤ **mediterran**

Ein richtiges Wintergericht mit viel südländischem Sonnenaroma

Zutaten für 4–6 Personen:

- 30 g getrocknete Steinpilze
- 1 junge Gans (ca. 3 kg; in 8 Stücke geteilt)
- je 2 Zweige Salbei und Rosmarin
- 1 Lorbeerblatt
- 3 Knoblauchzehen
- 1/2 l Rotwein
- Salz • Pfeffer
- 2 EL Olivenöl
- 1/4 l Geflügelbrühe
- 1 Möhre
- 1 Stange Staudensellerie
- 2 EL Tomatenmark

ZUBEREITUNGSZEIT: 35 MIN.
MARINIERZEIT: 3 STD.
BRATZEIT: 2 1/2 STD.
BEI 6 PERSONEN PRO PORTION
ETWA: 5680 KJ/1360 KCAL

1 Die Steinpilze in 150 ml warmem Wasser einweichen. Die Gänseteile mit Kräuterzweigen und Lorbeerblatt in eine Schüssel legen. Den Knoblauch schälen und dazupressen. Rotwein darüber gießen und die Gänseteile 3 Std. darin marinieren.

2 Gänseteile aus der Marinade nehmen, abtupfen, salzen und pfeffern. Olivenöl in einem Bräter erhitzen und das Fleisch darin 7–10 Min. anbraten. Das Fett abgießen und die Marinade mit Kräutern, Brühe und Pilzen samt Einweichwasser zum Fleisch geben. Das Fleisch im geschlossenen Topf bei niedriger Hitze 30 Min. schmoren.

3 Inzwischen Möhre und Sellerie waschen, putzen und die Möhre schälen. Möhre und Sellerie fein würfeln. Mit dem Tomatenmark unter das Gänsefleisch mischen. Alles weitere 2 Std. zugedeckt schmoren. Vor dem Servieren eventuell nochmals Fett abschöpfen. Dazu passen Ciabatta oder in Butter gebratene Polentaschnitten.

WILDENTEN AUF HERBSTGEMÜSE

➤ **für Gäste**

Genau das Richtige für ein
Erntedank-Festessen

Zutaten für 4 Personen:

- *2 küchenfertige Wildenten (à ca. 900 g)*
- *Salz • Pfeffer*
- *1 Bund frischer Thymian*
- *1 kg kleine fest kochende Kartoffeln*
- *4 große Möhren*
- *3 Knoblauchzehen*
- *400 ml Cidre (ersatzweise Entenfond)*
- *1 kg Kürbis*
  (Hokkaido- oder Moschuskürbis)
- *Muskatnuss, frisch gerieben*

ZUBEREITUNGSZEIT: 25 MIN.
BRATZEIT: 1 STD.
PRO PORTION ETWA: 2380 KJ/570 KCAL

1 Den Backofen auf 220° vorheizen. Die
Enten waschen, trocknen, anschließend
innen und außen salzen und pfeffern. Den
Thymian waschen und abtrocknen. Die
Hälfte der Zweige in die Enten stecken, den
restlichen Thymian hacken.

2 Die Kartoffeln und Möhren schälen. (Kleine,
frische Kartoffeln eventuell nur waschen
und abbürsten.) Die Möhren in ca. 4 cm
große Stücke schneiden. Den Knoblauch
schälen und in feine Scheiben schneiden.
Alles zusammen mit dem gehackten Thymian in ein tiefes Blech oder einen großen
Bräter geben. Cidre angießen, salzen und
pfeffern.

3 Die Enten auf das Gemüse legen und im
vorgeheizten Ofen (Mitte, Umluft 200°) ca.
30 Min. garen. Inzwischen den Kürbis schälen, das fasrige Innere entfernen und das
Fruchtfleisch 2 cm groß würfeln.

4 Den Backofen auf 200° (Umluft 180°)
herunterschalten und den Kürbis zum
Gemüse geben, alles mit Muskatnuss wür-
zen und weitere 25–30 Min. garen. Die
Enten in jeweils 4 Teile teilen und mit dem
Gemüse servieren. Dazu passt Cidre oder
Weißwein.

KOKOS-ENTEN-CURRY

➤ **asiatisch**

Lassen Sie Ihre Ente mal in einer
etwas anderen Sauce schwimmen ...

Zutaten für 4 Personen:

- *2 Entenbrustfilets (à ca. 220 g)*
- *2 Zwiebeln*
- *1 Knoblauchzehe*
- *2 EL Öl*
- *Salz • Pfeffer*
- *2 EL Currypulver*
- *1 TL gemahlener Kreuzkümmel*
- *1 Dose Kokosmilch (400 ml)*
- *300 ml Hühnerbrühe*
- *400 g Zuckerschoten*
- *1 rote Paprikaschote*
- *2 Mandarinen*

ZUBEREITUNGSZEIT: 50 MIN.
PRO PORTION ETWA: 2310 KJ/550 KCAL

1 Die Entenbrustfilets quer in ca. 1/2 cm breite Scheiben schneiden. Die Zwiebeln und den Knoblauch schälen und würfeln. Das Öl in einem Topf erhitzen und das Entenfleisch darin portionsweise 2–3 Min. braun braten, herausnehmen und salzen und pfeffern.

2 Zwiebeln und Knoblauch im Bratfett glasig dünsten. Curry und Kreuzkümmel darüber stäuben und mit Kokosmilch und Brühe ablöschen. Bei mittlerer Hitze 10–15 Min. einkochen.

3 Inzwischen die Zuckerschoten waschen, putzen und quer halbieren. Die Paprikaschote putzen, waschen und in ca. 1 cm große Würfel schneiden. Die Mandarinen schälen und die einzelnen Schnitze einmal quer halbieren.

4 Das Gemüse mit dem Entenfleisch in die Sauce geben und 4–5 Min. köcheln lassen. Die Mandarinen dazugeben und nur kurz erwärmen. Das Curry schmeckt gut zu Basmati- oder Duftreis.

TIPP: Wer's etwas exotischer möchte, nimmt statt Mandarinen 200 g geschälte, halbierte Lychees oder streut zusätzlich gehacktes Koriandergrün über das Curry.

GÄNSE-CASSOULET

> **Klassiker aus Frankreich**

Deftig-kräftige Hausmannskost
für kalte Wintertage

Zutaten für 4–6 Personen:

- *300 g kleine getrocknete weiße Bohnen*
- *150 g Räucherspeck*
- *400 g Schweinehals oder -nacken*
- *1 Bund Suppengemüse*
- *2 Zwiebeln*
- *2 Knoblauchzehen*
- *2 EL Gänseschmalz*
- *Salz • Pfeffer*
- *5 Tomaten*
- *2 Gewürznelken • 1 Lorbeerblatt*
- *4 Gänsekeulen (à ca. 400 g)*

ZUBEREITUNGSZEIT: 30 MIN.
EINWEICHZEIT: ÜBER NACHT
BRATZEIT: 3 STD.
BEI 6 PERSONEN PRO PORTION
ETWA: 4500 KJ/1070 KCAL

1 Die Bohnen über Nacht in Wasser einweichen. Am nächsten Tag den Speck grob würfeln und das Schweinefleisch in 4–5 cm große Stücke schneiden. Das Suppengemüse putzen, schälen und klein schneiden. Zwiebeln und Knoblauch schälen und würfeln.

2 Das Schmalz in einer großen Pfanne erhitzen. Den Speck darin leicht bräunen und herausnehmen. Im verbliebenen Bratfett das Schweinefleisch anbraten, salzen und pfeffern und herausnehmen. Zuletzt Gemüse, Zwiebeln und Knoblauch ebenfalls kurz andünsten.

3 Den Backofen auf 200° vorheizen. Die Tomaten waschen und vierteln, dabei die Stielansätze entfernen. Bohnen abgießen und mit Speck, Fleisch, Gemüse, Tomaten, Nelken und Lorbeerblatt mischen, mit Salz und Pfeffer würzen. Alles in einen Bräter oder Tontopf füllen und mit Wasser aufgießen, so dass die Bohnen gerade bedeckt sind.

4 Die Gänsekeulen kalt abspülen, trocknen, salzen und pfeffern und auf die Bohnen legen. Den Bräter mit einem Deckel schließen und das Cassoulet im Ofen (Mitte, Umluft 180°) ca. 2 1/2 Std. garen. Ohne Deckel ca. 30 Min. weiter garen. Mit Baguette und rotem Landwein servieren.

ENTEN-TAJINE

➤ **orientalisch**

Entenschmortopf auf
marokkanische Art

Zutaten für 4 Personen:

- *1 Zwiebel*
- *2 Knoblauchzehen*
- *4 Entenkeulen*
- *Salz • Pfeffer*
- *2 EL Öl*
- *400 ml Geflügelfond*
- *2 EL Tomatenmark*
- *1 Bund glatte Petersilie*
- *2 Stangen Zimt*
- *1/2 TL gemahlene Gewürznelken*
- *1 Tütchen Safran (ca. 1 g)*
- *4 Möhren*
- *2 Zucchini*
- *8 getrocknete Aprikosen*
- *1 EL Honig*

ZUBEREITUNGSZEIT: 30 MIN.
GARZEIT: 1 STD. 50 MIN.
PRO PORTION ETWA: 2250 KJ/540 KCAL

1 Zwiebel und Knoblauch schälen und würfeln. Die Entenkeulen waschen, trocknen, anschließend salzen und pfeffern. Das Öl in einem Bräter erhitzen und die Keulen bei mittlerer Hitze in 8–10 Min. rundherum braun braten, herausnehmen. Überschüssiges Bratfett entfernen, im restlichen Fett Zwiebel und Knoblauch andünsten. Mit dem Fond ablöschen.

2 Die Entenkeulen mit Tomatenmark bestreichen. Petersilie waschen, trocknen und hacken. Die Keulen mit der Hälfte der Petersilie und den Gewürzen zurück in den Bräter geben, mit Salz und Pfeffer abschmecken. Im geschlossenen Topf bei kleiner Hitze 45 Min. schmoren.

3 Inzwischen die Möhren putzen und schälen, die Zucchini waschen und putzen. Beides einmal längs und einmal quer halbieren und zu den Enten geben und ca. 1 Std. weiter schmoren. Die Aprikosen halbieren und mit dem Honig in die Sauce rühren, weitere 5 Min. garen. Mit restlicher Petersilie bestreuen und mit Couscous servieren.

ENTEN-SATÉS

➤ **exotisch**

Ente am Spieß – klein und fein
auf asiatische Art

Zutaten für 20 Spieße:

- *3 Entenbrustfilets (à ca. 250 g)*
- *Saft von 1 Mandarine*
- *2 EL Sojasauce*
- *1 Knoblauchzehe*
- *1 TL Sambal oelek*
- *1/2 TL gemahlener Kreuzkümmel*
- *1 TL gemahlener Koriander*
- *400 g frische Zwetschgen (ersatzweise aus dem Glas)*
- *100 ml Pflaumensaft*
- *1 EL Zitronensaft*
- *3 EL Pflaumenmus*
- *Salz • Pfeffer*
- *Öl zum Braten*
- *20 lange Holzspieße*

ZUBEREITUNGSZEIT: 25 MIN.
MARINIERZEIT: 4 STD.
PRO STÜCK ETWA: 490 kJ/115 KCAL

1 Die Entenbrustfilets waschen, trockentupfen und längs in ca. 1/2 cm schmale Streifen schneiden. Jeweils 1 Fleischstreifen ziehharmonikaartig auf einen Holzspieß stecken.

2 Mandarinensaft und Sojasauce in eine flache Schale geben. Knoblauchzehe schälen und dazupressen. 1/2 TL Sambal oelek, Kreuzkümmel und 1/2 TL Koriander dazugeben und alles verrühren. Die Entenspieße hineinlegen, darin wenden und ca. 4 Std. marinieren.

3 Inzwischen die Zwetschgen waschen, halbieren und entsteinen. Mit dem Pflaumen- und Zitronensaft, restlichem Sambal oelek und Koriander in einen Topf geben und bei mittlerer Hitze 15 Min. köcheln. Vom Herd nehmen, Pflaumenmus unterrühren und pürieren. Mit Salz und Pfeffer abschmecken und abkühlen lassen.

4 Ausreichend Öl in einer Pfanne erhitzen. Die Spieße darin portionsweise bei großer Hitze beidseitig in ca. 3 Min. knusprig braun braten. Mit Salz und Pfeffer würzen und mit der Pflaumensauce servieren.

 TIPP: Die Sauce nach Belieben mit gehacktem Koriandergrün bestreuen.

Impressum

© 2003 Gräfe und Unzer Verlag GmbH, München. Alle Rechte vorbehalten. Nachdruck, auch auszugsweise, sowie Verbreitung durch Film, Funk, Fernsehen und Internet, durch fotomechanische Wiedergabe, Tonträger und Datenverarbeitungssysteme jeder Art, nur mit schriftlicher Genehmigung des Verlages.

➤ *Die Temperaturangaben*
bei Gasherden variieren von Hersteller zu Hersteller. Welche Stufe Ihres Herdes der jeweils angegebenen Temperatur entspricht, entnehmen Sie bitte der Gebrauchsanweisung. Bei Elektroherden können die Backzeiten je nach Herd variieren.

Programmleitung: Doris Birk
Leitende Redakteurin: Birgit Rademacker
Redaktion: Sigrid Burghard
Lektorat: Linde Wiesner
Umschlag- und Innenlayout: independent Medien-Design
Foto auf Seite 2: Stockfood Munich
Alle anderen Fotos: FoodPhotography Eising / Martina Görlach
Foodstyling: Daniel Petri / Monika Schuster
Herstellung: Bettina Häfele
Satz: EDV-Fotosatz Huber / Verlagsservice G. Pfeifer, Germering
XML-strukturiert
Reproduktionen: Penta Repro München
Druck und Bindung: Alcione
ISBN: 3-7742-6052-4

Auflage: 4.   3.
Jahr: 2006 2005 2004

GRÄFE UND UNZER

Ein Unternehmen der
GANSKE VERLAGSGRUPPE